aparelho sexual e cia.

ZEP & HÉLÈNE BRULLER

aparelho sexual e cia.

Um guia inusitado para crianças descoladas

Tradução de Eduardo Brandão

SEGUINTE
O selo jovem da Companhia das Letras

Grafia atualizada segundo o Acordo Ortográfico da Língua Portuguesa de 1990, que entrou em vigor no Brasil em 2009.

Título original:
Le guide du zizi sexuel

Revisão:
Andressa Bezerra da Silva
Arlete Sousa

Dados Internacionais de Catalogação na Publicação (CIP)
(Câmara Brasileira do Livro, SP, Brasil)

Zep, 1967-
Aparelho sexual e cia. : um guia inusitado para crianças descoladas / Zep ; Hélène Bruller ; tradução de Eduardo Brandão — 1ª ed. — São Paulo : Companhia das Letras, 2007.

Título original: Le guide du zizi sexuel.

ISBN 978-85-359-1101-5

1. Adolescentes – Fisiologia 2. Adolescentes – Educação sexual 3. Puberdade I. Bruller, Hélène, 1968–. II. Título.

07-8717 CDD-613.9507

Índices para catálogo sistemático:
1. Adolescentes : Educação sexual 613.9507
2. Educação sexual : Adolescentes 613.9507

6ª reimpressão

EDITORA SCHWARCZ S.A.
Rua Bandeira Paulista, 702, cj. 32
04532-002 — São Paulo — SP — Brasil
Telefone: (11) 3707-3500
www.seguinte.com.br
contato@seguinte.com.br

/editoraseguinte
@editoraseguinte
Editora Seguinte
editoraseguinteoficial

prefácio

é superimportante saber tudo sobre o aparelho sexual e companhia ilimitada... como é beijo de língua? os espermatozoides do Manu já usam óculos? se uma mulher grávida comer espinafre, o bebê na barriga dela também come?... é importante saber sobre tudo isso porque se houver uma prova na escola, posso melhorar minha média de matemática.

Titeuf

sumário

1

estar apaixonado

o que é estar apaixonado?

É difícil entender o que é o amor, até mesmo para os adultos. Ou a gente ama ou não ama, e pronto. O que é certo é que o amor pode ser uma megafelicidade ou um tremendo sofrimento, e que todo mundo se apaixona um dia. Mesmo se sofremos uma vez, dá vontade de amar e ser amado de novo, porque o amor faz a gente se sentir vivo.

Estar apaixonado é o quê?

Ter amigos e amigas é muito legal. E aí, de repente, você começa a achar que ela é diferente das outras: mais bonita, mais simpática, mais tudo. Você acha a pessoa por quem está apaixonado bárbara, mesmo se ela usa óculos ou tem um narigão.

O que passa pela cabeça da gente?

Você fica meio sonhador, não presta mais atenção no resto do mundo, às vezes até se esquece um pouco dos amigos. É normal, porque você fica com a cabeça totalmente invadida pela imagem da pessoa amada. Pensa nela o tempo todo. Tem vontade de vê-la todo santo dia e fica superempolgado quando sabe que vai encontrá-la.

O que acontece no corpo da gente?

Diante da pessoa amada, o coração dispara. Quando ela não está por perto, faz tanta falta que pode até dar dor de estômago.
Algumas pessoas ficam tão emocionadas quando veem a eleita do seu coração que chegam até a vomitar!

O que é dor de amor?

É estar apaixonado por uma pessoa e não ser correspondido. E que dureza! É como se lhe arrancassem o presente mais lindo do mundo. Mas depois de se recuperar, você percebe que não foram feitos um para o outro, porque o amor é legal quando é recíproco.

Dá pra parar de estar apaixonado?

Dá. Às vezes você para de estar apaixonado porque não está mais a fim. Coisas da vida. Outras vezes, a pessoa que você ama não te ama, aí você quer parar de amá-la para não sofrer mais.

Mas e se eu sofrer o resto da vida?

Às vezes parece que você nunca mais vai parar de sofrer, mas um dia passa.
É só dar tempo ao tempo.

Muitos meninos se apaixonam pela professora.

Como se declarar a alguém?

É sempre difícil declarar nossos sentimentos a alguém. Se você não tem coragem de dizer diretamente, pode escrever uma carta ou até mandar bilhetes. Presentinhos às vezes ajudam.

Dá pra obrigar alguém a se apaixonar?

Se tem uma coisa que a gente não controla, é o amor! Dá pra fazer um montão de coisas para conquistar alguém, mas se não der certo na base do charme, à força é que não vai dar.

Primos também se apaixonam?

Acontece... Primos podem andar de mãos dadas, se beijar no rosto, mas é melhor que parem por aí. O casamento entre primos não é aconselhável, porque é muito arriscado ter um filho com o mesmo sangue que a gente: ele poderia nascer com algum problema de saúde.

namorar

Quando você está apaixonado por alguém e essa pessoa também está apaixonada por você, vocês têm tudo para viver uma história de amor. Dá uma baita vontade de que a relação dure muito, vontade de ficar sempre juntos. E há um monte de sinais que mostram que vocês "estão juntos".

O que é namorar alguém?

Quando você está apaixonado por alguém e essa pessoa também está apaixonada por você, os dois ficam muito próximos e carinhosos um com o outro. Se dependesse de vocês, passariam o tempo todo juntos. Dá vontade de se beijar, de fazer carinho. Namorar alguém é trocar todos esses gestos de afeição.

Quando a gente pode dizer que namora alguém?

Em geral, a partir do primeiro beijo. Mas uma porção de meninos e meninas se amam, dizem isso um ao outro, trocam presentes, mas não se beijam. Apesar disso, consideram que "estão juntos", simplesmente porque se amam.

Como se faz para começar a namorar?

Nem todo mundo age do mesmo jeito. Você pode convidar a pessoa com quem quer namorar para sair, ir ao cinema ou a uma festa. Ou pode se aproximar dela no recreio ou na piscina.

Antes de fazer um filho, os pais geralmente namoraram.

E quando a gente se beija pela primeira vez?

Dançando uma música lenta numa festa, por exemplo: vocês se aproximam e acabam se beijando. Tanto o menino quanto a menina podem perfeitamente tomar a iniciativa. Outras pessoas vão por etapas: um dia dão as mãos; no dia seguinte, andam de braços dados; depois se beijam no rosto e, finalmente, se beijam na boca.

Quanto tempo a gente fica junto?

Depende. Dias, semanas, meses, anos, a vida toda! Às vezes você pensa que vai passar o resto da vida com a pessoa que beijou, e ela te dispensa logo depois. Outras vezes – ainda bem! –, o final é mais feliz.

Como a gente termina com alguém?

Você pode escrever uma carta ou telefonar, mas o ideal é dizer pessoalmente que não quer mais namorar.

O que é "levar um fora"?

É quando a pessoa que você namora diz que não quer mais namorar você. Dar um fora em alguém é terminar o namoro.

como é que se beija?

BEIJO CARINHOSO

Existe um montão de beijos diferentes. Os carinhosos, os babados, os rápidos, os demorados... Ninguém beija da mesma maneira.

BEIJO BABADO

BEIJO METALEIRO

BEIJO EXPLOSIVO

Como é que se beija na boca?

Primeiro, você tem de encostar sua boca na da pessoa que você quer beijar. Depois, você abre a boca (a outra pessoa também tem de abrir a dela, senão pode não dar certo) e coloca a língua na boca dessa pessoa. O objetivo é acariciar a língua dela com a sua. Depois, vocês giram as línguas de lá pra cá, assim elas brincam um pouco. E então, é só improvisar.

O que se deve fazer:

- É bom você inclinar a cabeça para o lado, ainda mais se tiver um narigão...
- Se você usa óculos, é melhor tirar.
- Não se esqueça de cuspir o chiclete antes.
- Vocês podem fazer carinho um no outro durante o beijo.

O que não se deve fazer:

- Enfiar a língua na boca do outro até a goela. Cuidado para o beijo não asfixiar a namorada!
- Bater o dente no dela: é muito desagradável, pior ainda se um dos dois usar aparelho.
- Girar a língua depressa demais na boca do outro: beijo "ventilador" só é bom para o livro dos recordes.

Existe beijo de boca sem língua?

Claro! Você pode apenas beijar na boca, nos lábios, pode inventar um monte de coisas.

Pra beijar alguém, tem de estar apaixonado?

Não necessariamente. Mas é muito mais legal quando a gente está apaixonado, porque bate uma emoção muito mais forte no peito.

Quanto tempo dura um beijo?

Depende. Pode durar dez segundos, dez minutos... Vocês é que sabem. É só tomar cuidado para não ficar com cãibra!

Existe algum truque para beijar bem?

O melhor truque é ter vontade de beijar. Quanto mais vontade você tiver, melhor vai sair o beijo. Algumas coisas ajudam o beijo a ser gostoso, como a delicadeza, o carinho.

alguns truques para paquerar

PASSAR POR ELA CONFIANTE, OLHAR PERDIDO NO INFINITO...

LEVÁ-LA A UMA DANCETERIA E FAZÊ-LA RIR...

OFERECER-LHE UM DRINQUE NUM BAR DA MODA...

OFERECER UMA CARONA...

DAR O GOLPE DO ENGUIÇO...

... MAS SEM ESQUECER DA CAMISINHA.

2

a puberdade

o que é puberdade?

A puberdade é o período em que você passa da infância à idade adulta. Esse momento provoca muitas mudanças no corpo e na cabeça. Não é a idade mais fácil da vida. Mas todo mundo já passou ou vai passar por ela. E a puberdade também tem lá suas vantagens.

A puberdade começa em que idade?

Por volta dos doze anos. Alguns entram na puberdade com dez, outros com dezesseis, depende de cada um.
As meninas geralmente entram mais cedo que os meninos.

Como a gente sabe que está na puberdade?

Porque acontece uma porção de mudanças no corpo e na cabeça.

O que provoca essas mudanças?

Os hormônios, que são fabricados pelas glândulas.
São elas que lançam hormônios no sangue para programar o funcionamento do corpo humano.

Temos várias glândulas no corpo, como por exemplo as amígdalas, os testículos, as glândulas mamárias, que ficam nos seios, ou as glândulas sudoríparas, que nos fazem suar. Cada hormônio exerce um papel diferente.

Tem criança de treze anos que já é mais alta que os pais.

Por que se diz que é uma "idade ingrata"?

Tem adulto que diz isso, sim, e não é nada agradável de ouvir. É que os adolescentes se dão conta de que estão mudando, crescendo, e passam a se comportar como se fossem tão independentes quanto os pais. Às vezes vão longe demais (quando querem sair tarde da noite sem dizer para onde vão, por exemplo) e, como os pais não concordam com essas atitudes, é briga na certa. Pode ser chato, mas essas brigas têm seu lado positivo: elas ajudam a cabeça a crescer também.

O que acontece no corpo?

Os hormônios viajam pelo sangue, coordenando as mudanças de várias partes do corpo, cheios de ordens a cumprir. Há hormônios que mandam os pelos nascerem, outros que fazem os peitos das meninas aparecerem, cada um tem seu papel. Também tem aqueles que mandam os ossos crescerem. Os hormônios da puberdade dão muitas ordens e por isso o corpo começa a mudar bastante.

E a cabeça, como fica?

Quando seu corpo se transforma tão visivelmente, como acontece na puberdade, não tem como você não perceber. Então a cabeça se pergunta o que está acontecendo. É perturbador porque você não é mais uma criança e ainda não é um adulto.

Os cravos que aparecem na cara têm a ponta preta porque ela escurece em contato com o ar.

Por que aparecem espinhas na puberdade?

Também por causa dos hormônios.
Como eles estão ocupados com esse monte de alterações no corpo, às vezes erram na dose de certas coisas naturais, como secretar óleo para hidratar a pele e evitar que ela resseque. Quando a pele está oleosa, os poros entopem e surgem espinhas. O nome médico disso é acne.

O que a gente pode fazer para não ter espinhas?

Existem produtos para passar na pele que secam as espinhas, ou remédios que diminuem seu surgimento. O dermatologista receitará, conforme a necessidade. Mas a acne da puberdade é um fenômeno natural. Não se preocupe se o tratamento não der muito certo, com o tempo vai passar. O essencial é se lavar bem para manter uma pele sadia. A natureza cuida do resto.

E essa baita suadeira?

É o mesmo caso das espinhas: vai passar naturalmente. O problema do suor é fácil de atenuar: basta você sempre tomar banho e trocar de roupa. E existem desodorantes eficientes para as axilas
e para os pés.

E o sexo nisso tudo?

O sexo é a grande questão da puberdade. A puberdade é a idade em que você começa a ter desejos sexuais. É também a idade em que o corpo fica pronto para ter filhos (os hormônios é que organizam tudo isso).

O que é sentir desejo por uma pessoa?

É quando você tem vontade de transar com ela.

Um menino pode gostar de outro menino?

Alguns meninos sentem desejo por outros meninos. Às vezes, quando crescem, podem até passar a preferir as moças, e outros que preferiam meninas podem mudar de ideia também.

E o que é normal?

Todo mundo se faz esse tipo de pergunta e, com o tempo, encontra a resposta: ouça o seu coração, e acabará descobrindo se é heterossexual (um menino que prefere as meninas, e vice-versa), homossexual (um menino que prefere os meninos ou uma menina que prefere as meninas) ou bissexual (um menino ou menina que não tem preferência, gosta tanto de meninos quanto de meninas).

Uma menina pode gostar de outra menina?

Vale para as meninas o mesmo que para os meninos.

a puberdade dos meninos

Na puberdade, o corpo dos meninos muda. Nascem pelos, a voz muda, a cara fica cheia de espinhas... É que estão virando homem!

Onde nascem os pelos?

Os meninos começam com uma pequena penugem debaixo do nariz, que mais tarde vira bigode e barba, e uns fios em torno do pinto. Por fim, crescem pelos debaixo do braço, em torno do pinto, no rosto e no peito. Alguns têm mais pelos do que outros, e em outros lugares (nas costas, nos ombros...).

Onde crescem as espinhas?

No rosto e, às vezes, nas costas. Mas depois somem...

Eu não consigo mais cantar! O que aconteceu com a minha voz?

A voz dos meninos muda na puberdade, fica mais grossa, como a dos adultos. No início, ela fica esquisita porque está num meio-termo entre a voz de garoto e a voz de homem. Os meninos nessa fase têm dificuldade para cantar porque a voz vai e vem dos agudos aos graves, como um ioiô. Mas essa passagem não dura muito tempo.

Os "países baixos" também mudam?

Na puberdade, o pinto fica maior e mais grosso, e os testículos começam a fabricar espermatozoides.

Como é um espermatozoide?

É minúsculo. Não dá para ver a olho nu. Se você olhar um espermatozoide no microscópio, vai ver que tem uma cabeça redonda (sem olhos nem boca, claro) e um rabo comprido, que se mexe para ele andar. Parece um girino.

Onde são fabricados os espermatozoides?

Nos testículos, que são as duas glândulas em forma de ovo situadas dentro do saco ("escroto" é seu nome médico), logo abaixo do pinto.

Os testículos fabricam muitos espermatozoides?

Milhares por dia! Mas eles não vivem muito tempo, por isso o corpo os fabrica sem parar.

Para que servem os espermatozoides?

Para fazer filhos. Só que, para dar certo, o espermatozoide tem de encontrar um óvulo (é o ovinho que as meninas fabricam). Portanto, a partir da puberdade os meninos podem em princípio ter filhos, já que começam a fabricar espermatozoides.

Por que os homens não podem ficar grávidos?

Porque o bebê tem de crescer numa espécie de bolsa chamada útero, e só as mulheres têm útero. Mas sem o espermatozoide dos homens elas não poderiam ter filhos.

Por que o peito dos meninos não cresce?

Cada qual com seu corpo! As meninas têm coisas que os meninos não têm, e os meninos têm coisas que as meninas não têm! A natureza deu às meninas os órgãos para ter filhos, por isso também deu os peitos para alimentá-los ao nascer.

Sempre tem leite no peito das meninas?

Não. Os seios só fabricam leite quando a mulher espera um filho e, depois, enquanto o bebê mamar.

Então os meninos não podem alimentar os bebês?

Dando o peito, não, porque não produzem leite! Mas os pais podem, sim, dar mamadeira ao bebê. É muito legal também!

Os meninos menstruam?

Não, só as meninas, porque a menstruação (ou regras) vem do útero, e os meninos não têm útero.

a puberdade das meninas

Assim como os meninos, as meninas mudam muito na puberdade. As espinhas também surgem e os pelos crescem, e além disso nascem os seios e elas começam a menstruar.

Quando as meninas entram na puberdade?

Um pouco antes dos meninos. Por volta dos doze. Mas varia muito, conforme a menina.

Onde crescem os pelos nas meninas?

Em torno do aparelho sexual e debaixo dos braços. Mas as meninas não têm bigode nem barba, nem pelo no peito ou nas costas.

A voz das meninas também muda?

A voz das mulheres é um pouco diferente da voz das meninas, porque muda um pouco quando elas crescem, mas não é uma mudança tão acentuada quanto nos meninos.

E com a menstruação, o que muda?

É um sinal de que as meninas já podem ter filhos. Antes de menstruar, não podem.

O que é o útero?

É uma bolsa dentro da barriga, destinada a receber um ovo que vai se transformar em bebê. Antes da menstruação, as meninas já têm o útero, mas ele ainda não serve para ter filhos.

O que é a menstruação?

Na puberdade, o útero começa a preparar uma espécie de ninho para receber o bebê. O interior do útero se forra com uma mucosa que contém sangue, para torná-lo mais macio, à espera do ovo que eventualmente crescerá ali durante nove meses. Se ao longo de mais ou menos três semanas nenhum ovo se instalar no útero, a mucosa que o forra perde toda utilidade, e então o corpo a expele. Para poder sair do corpo, essa mucosa fica mais líquida, como sangue, e então escorre pela vagina. A menstruação é esse sangue que escorre do útero. O processo dura uns cinco dias e, quando todo o sangue sai, o útero volta a se forrar com a mucosa, e o ciclo recomeça... As meninas menstruam todos os meses, como a palavra indica.

O que é um óvulo?

É um ovinho minúsculo que os ovários produzem. Todos os meses, um óvulo (ou mais) é produzido e cai num pequeno canal chamado trompa, que vai do ovário ao útero. É o que se chama ovulação. As meninas ovulam mais ou menos dois dias por mês. Se o óvulo não é fecundado por um espermatozoide, a menina não engravida e então menstrua.

Como uma menina sabe que ficou menstruada?

Um dia, ela encontra um pouco de sangue na calcinha. É normal: isso quer dizer que ela menstruou pela primeira vez.

Menstruar dói?

Às vezes, antes e durante a menstruação, as meninas podem sentir uma dorzinha na barriga. É por causa das contrações que o útero faz para o sangue escorrer. A intensidade da dor varia conforme a menina. Algumas ficam sensíveis durante a menstruação, outras têm um pouco de dor de cabeça, mas passa logo.

O que a gente tem de fazer?

A primeira coisa é evitar a sujeira na roupa. Para isso, as meninas podem usar um absorvente. É como uma fraldinha de algodão, que se cola na calcinha para absorver o sangue que escorre.
Também podem usar um absorvente interno, se quiserem ir à piscina.

O que é um absorvente interno?

É como um tubinho de algodão arredondado com um barbante na outra ponta.

Onde se coloca o absorvente interno?

Dentro da vagina, para absorver o sangue antes que ele escorra na calcinha.

Como se coloca um absorvente interno?

Introduz-se o absorvente interno na vagina, deixando para fora somente o barbantinho. Na primeira vez a menina fica sempre meio aflita, mas precisa relaxar e colocá-lo bem devagarinho. Alguns absorventes internos vêm com um aplicador que facilita o trabalho.

Como se tira o absorvente interno?

Basta pegar o barbante que fica de fora e puxar com cuidado. O absorvente interno tem de ser trocado regularmente, e não se pode ficar com ele no corpo mais que metade do dia. Às vezes, é preciso trocá-lo numa frequência maior, porque se o absorvente interno fica empapado de sangue, perde a eficácia.

Com que idade acaba a menstruação?

Quando as mulheres têm mais ou menos cinquenta anos, o corpo resolve que não pode mais ter filhos e para de produzir os hormônios que provocam a menstruação. O nome desse processo é menopausa.

os peitos das meninas

algodões

tangerinas

Algumas meninas entram na puberdade um pouco mais tarde do que outras e não entendem por que várias amigas já têm peito de mulher se o delas ainda não cresceu.
Na falta de seios de verdade, apelam a certos truques para não ficar sem...

Nos seios, há muitas glândulas, mas nenhum músculo. Eles se mantêm no lugar unicamente graças à pele que os envolve!

Por que não se deve beliscar os peitos das meninas?

Quando começam a crescer, os seios das meninas ficam muito sensíveis.
Não se deve beliscá-los ou bater neles (nem mesmo de levinho). É mais ou menos como quando um menino leva uma bolada nos "países baixos":
dói pra chuchu!

Por que os peitos das meninas crescem na puberdade?

A partir do dia em que menstruam pela primeira vez, as meninas já podem ter filhos.
Por isso, os seios começam a crescer (na verdade, antes da primeira menstruação eles também crescem um pouco). Mais tarde, quando a mulher fica grávida, seus seios se enchem de leite para alimentar o bebê no dia em que ele vier ao mundo. Os seios precisam comportar esse leite, e por isso ficam maiores.

3

tranzar

o que é transar?

Quando a gente começa a sentir desejo por uma pessoa, tem vontade de tocá-la, de beijá-la, de acariciá-la. Quando crescemos, as palavras e as carícias não bastam mais para exprimir nossos sentimentos à pessoa que amamos: dá vontade de transar com ela.

Com que idade a gente pode transar?

A gente começa a pensar nisso por volta dos dez anos, mas ainda não dá vontade e o corpo também não está pronto. Na puberdade, junto com as mudanças do corpo, o desejo sexual se torna mais definido. Algumas pessoas transam pela primeira vez bem cedo, outras mais tarde. Resumindo: não há idade certa para transar pela primeira vez.

A gente é obrigado a transar?

Não! Ainda bem! Só se deve transar quando se tem vontade. Muita gente tem vontade de transar pela primeira vez aos dezoito ou vinte anos. É normal, cada um no seu ritmo!

Até que idade a gente pode transar?

Enquanto o corpo estiver a fim. Algumas pessoas transam até o fim da vida, outras não.

O que é transar?

Beijar alguém na boca não é transar. Transar é ter uma relação sexual com alguém.

Por que a gente transa?

Quando você ama alguém, dá vontade de se declarar. Se o sentimento cresce, bate uma vontade de acariciar essa pessoa e, um dia, quando as palavras e os beijos não bastam mais, vem a vontade de transar com ela. É uma forma de mostrar o quanto você a deseja.

Como a gente sabe que está a fim de transar?

O corpo é que decide. No dia em que você estiver pronto para transar, sente isso no corpo todo. Quando a pessoa que você ama te toca e provoca uma espécie de calor gostoso no seu corpo, isso significa que você começou a ter desejos sexuais. Mas mesmo se seu corpo demonstrar desejo, é possível que na sua cabeça você ainda não esteja a fim de transar. Nesse caso, é melhor esperar mais um pouco.

O que é ser virgem?

Ser virgem é nunca ter transado. A palavra vale tanto para as meninas como para os meninos. Quando a pessoa transa pela primeira vez, diz-se que perdeu a virgindade.

Como é o desejo sexual num menino?

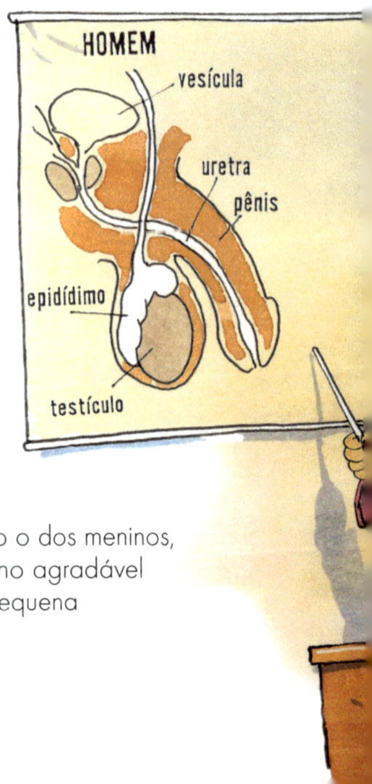

Quando um menino sente vontade de transar, o coração se acelera e ele respira um pouco mais forte. Seu pênis se enche de sangue e fica duro. É o que chamamos de ereção.

Os meninos têm ereção antes da puberdade?

Têm, sim. Eles têm ereções noturnas ou matutinas e quando sentem algum tipo de desejo sexual. É comum também terem ejaculações durante o sono.

Como é o desejo sexual de uma menina?

Quando uma menina sente desejo sexual, seu coração se acelera como o dos meninos, ela respira mais depressa e com mais força. Sente também um calorzinho agradável no ventre e em seu sexo. Depois, um líquido transparente escorre em pequena quantidade pela vagina.

O que é masturbação?

Quando o menino tem uma ereção, às vezes fica com vontade de tocar o pinto, de acariciá-lo. É o início do desejo sexual.

Menina também se masturba?

Claro, se sentem desejo, as meninas também têm vontade de se acariciar. Mas isso não quer dizer que estejam prontas para transar.

Como é o órgão sexual de um menino?

O pênis contém muitos vasos sanguíneos. A ponta do órgão se chama glande e é muito sensível. O canal que passa por dentro do pênis se chama uretra. É por ele que saem o xixi e os espermatozoides.

O que são os testículos?

São as glândulas onde se fabricam os espermatozoides. Os meninos têm abaixo do pinto um saco onde ficam os testículos, que têm forma de ovo.

Como é o órgão sexual das meninas?

É uma fenda cujas bordas se chamam lábios. No alto da fenda está o clitóris, que é como um pinto minúsculo. Logo abaixo dele está a uretra (por onde sai o xixi) e, abaixo desta, um buraco chamado vagina, que conduz ao útero. É pela vagina que as meninas transam e que os bebês saem ao nascer.

Por que as meninas não têm testículos?

Porque não fabricam espermatozoides. As meninas têm uma glândula chamada ovário, que fabrica óvulos. Os óvulos da menina devem encontrar os espermatozoides do menino para fazer o bebê.

como é que se transa?

Transar é a coisa mais natural do mundo. A gente começa se apaixonando por uma pessoa, e aí passa a ter um desejo sexual por ela.

O que é transar?

Quando você sente atração por uma pessoa, fica a fim de se aproximar cada vez mais dela. Assim, os namorados vão unir seus corpos pelos órgãos genitais. O órgão masculino é que vai penetrar no feminino.

Como é que acontece?

Primeiro, os dois se acariciam e se beijam. Quando sentem que se desejam muito, tiram a roupa para se acariciarem nus. O menino que tem vontade de transar tem uma ereção. Seu pênis fica bem duro para poder entrar na vagina da menina. A menina que está com vontade produz um líquido na vagina. É um líquido transparente que torna a vagina mais escorregadia, para que o pênis do menino possa entrar mais facilmente.

Como é que se faz?

O rapaz coloca o pinto na vagina da garota. Depois, os dois começam a se mexer, para que o sexo do menino faça um vaivém no sexo da menina.

Quanto tempo dura?

Pode durar três minutos ou uma hora! Enquanto sentirem prazer, o menino e a menina continuarão a se mexer. Mas a primeira transa em geral é bem rapidinha.

O que a gente sente?

Uma sensação boa que se chama prazer sexual. Esse prazer vai aumentando até o orgasmo. Quando atingimos esse ponto, a transa acaba.

Em que posição a gente deve ficar?

O menino pode se deitar em cima da menina. Mas também dá pra transar em várias outras posições.

Da primeira vez dói?

As garotas têm uma pequena membrana de pele na entrada da vagina, chamada hímen. Se elas nunca transaram, essa pequena membrana ainda está fechada, e ela será rompida na primeira transa, quando o pinto do rapaz entrar na vagina. Para algumas meninas, é um pouco doloroso e elas perdem um pouquinho de sangue, mas a dor é logo substituída pelo prazer.

Por que a gente grita e respira forte?

Quanto sentimos prazer, o coração bate mais depressa, por isso ficamos ofegantes. A certa altura, é tão agradável que podemos soltar gritos para exprimir felicidade.

O que é o orgasmo?

Quando transam ou se masturbam, os meninos e as meninas sentem o prazer aumentando cada vez mais. Quando o prazer chega no auge, vem o orgasmo.

Como é o orgasmo de um menino?

Quando o menino tem um orgasmo, o esperma jorra com força do seu pênis: é a ejaculação.

Como é o orgasmo de uma menina?

É um calor muito agradável que percorre o corpo inteiro.

Ninguém pode forçar outra pessoa a fazer nada que ela não queira. Aliás, em se tratando de sexo, isso é crime e leva à prisão

A gente é obrigado a ficar pelado?

Claro que não! Mas é difícil transar vestido. Quando você está a fim de transar com a pessoa que ama, tem vontade de vê-la nua e de se mostrar nu também. Da primeira vez, é capaz que você fique com um certo medo de se mostrar pelado, mas se preferir pode transar no escuro.

Por que dá medo de se mostrar pelado?

Todo mundo se sente incomodado em tirar a roupa na frente de outra pessoa. É o que se chama pudor. Mas, com o tempo, quando os namorados criam intimidade, perdem a vergonha de ficar pelados.

O que não se deve fazer?

Primeiro, você não deve transar se não estiver a fim. Você tem todo o direito de mudar de ideia, inclusive no último momento, mesmo se já estiver pelado. Se decidir transar, o mais importante é dar tempo para deixar vir o desejo sexual. Às vezes, o menino quer tanto transar com a menina que penetra depressa ou com força demais nela. É muito desagradável para ela. Quanto mais terno e delicado o menino for, mais agradável será a transa.

Por que as meninas às vezes têm medo de não ter uma vagina como a das outras?

Ao contrário dos meninos, que veem seu órgão sexual, as meninas têm dificuldade de ver o delas, porque ele fica dentro do corpo. Por isso, às vezes elas se perguntam se ele é como o das outras meninas. Essa preocupação é normal: para tirar a dúvida, basta ir a um médico.

Por que a gente tem medo de falar de amor?

Também por pudor! O amor é uma coisa muito íntima. A gente sempre fica meio sem jeito para falar de sexo e de sentimentos. Contar que estamos apaixonados é o mesmo que contar um segredo muito pessoal. Esse medo é comum.

Com quem podemos falar?

Você pode fazer todas as perguntas que quer sobre amor e sexo a alguém em quem confia: seus pais, seu irmão ou sua irmã mais velha, um amigo ou até outra pessoa, como o médico.

A gente é obrigado a contar tudo?

Se tiver perguntas, é bom fazê-las, senão ficará sem saber a resposta. Mas todo mundo tem o direito de ter sua intimidade e de guardar pequenos segredos de amor.

transar como é que funciona?

Enfie o dedo no buraco do outro lado da folha, para fazer o pinto do homem ...

Eles se beijam e, ao mesmo tempo, tiram a roupa.
SMAC
(difícil pra caramba)
...aproxime a página e coloque o dedo no buraco da moça.
mais

AAH UUH AAH UUH
NÃO É NADA ASSIM!
É, SIM SENHOR!
NÃO É ASSIM COISÍSSIMA NENHUMA!
TODO MUNDO FAZ ASSIM! ATÉ SEUS PAIS! ATÉ VOCÊ, QUANDO CRESCER!
EU NÃO! COM CERTEZA!!!
EU VOU SER MUITO MAIS BEM DESENHADO !!
ZEP

4

fazer um filho

o que é fazer um filho?

Quando os adultos se amam muito, depois de certo tempo alguns desejam ter um filho.

Com que idade a gente pode ter filhos?

As pessoas podem ter filhos desde a puberdade. Mas um filho é um compromisso para a vida toda, e quem é muito jovem tem de passar ainda por muitas etapas antes de estar maduro o bastante para criar um filho.

Quem faz os filhos?

Um homem e uma mulher podem ter filhos depois de transar.

Como o filho é gerado?

O filho é gerado pelo encontro de um espermatozoide com um óvulo.

Como o espermatozoide encontra o óvulo?

Quando um homem e uma mulher transam, o pênis dele entra na vagina dela. Na hora que o homem ejacula, uma pequena quantidade de esperma – contendo espermatozoides – é lançada na vagina da mulher. Se naquele dia ela tem um óvulo no útero, esse óvulo pode ser fecundado por um espermatozoide, formando um ovo que crescerá para se tornar um bebê.

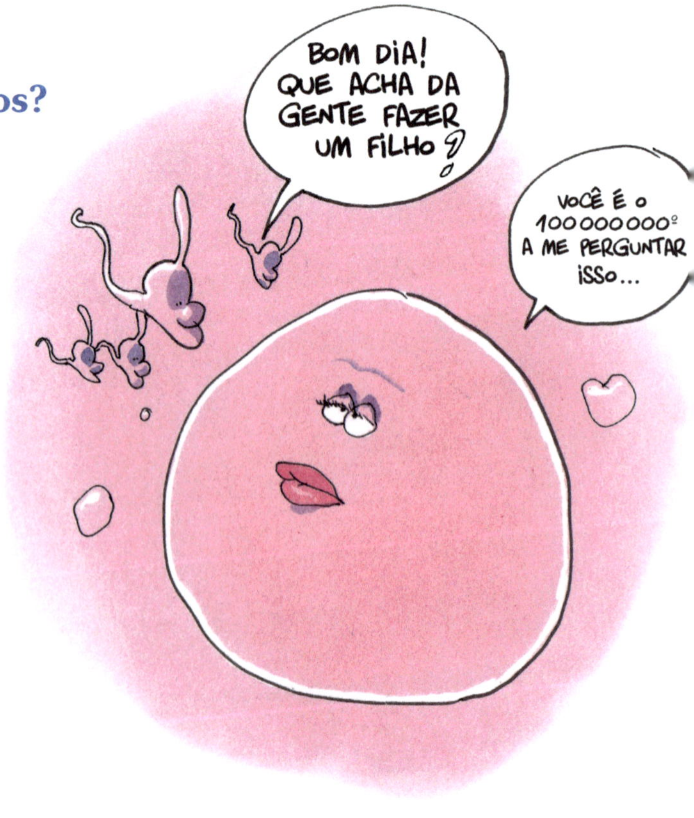

Por que algumas pessoas não podem ter filhos?

Às vezes, o homem ou a mulher são estéreis. Isso quer dizer que eles não são capazes de ter filhos. O corpo é um mecanismo muito frágil e alguma coisa pode não funcionar direito, porque a pessoa esteve doente ou por razões médicas mais complicadas.

As crianças adotadas foram feitas como as outras?

Claro! Uma criança adotada também foi feita por um homem e uma mulher que transaram, só que ela não tem mais esses pais. Mas o pai e a mãe que a adotaram se tornam seus pais de verdade, porque a adoção também é uma história de amor.

É possível ter filhos mesmo assim?

Hoje em dia, há soluções para as pessoas terem filhos, mesmo se elas forem estéreis. A medicina consegue fabricar o ovinho sem que o casal transe, pegando o óvulo da mãe e um espermatozoide do pai. Esse ovinho será colocado no útero da mãe, onde virará um bebê como os outros! É o que se chama de fecundação "in vitro".

E se ainda não der certo?

Às vezes não se consegue pegar um óvulo da mãe ou um espermatozoide do pai para fazer o ovinho. Nesse caso, as pessoas podem adotar uma criança que não tem pai nem mãe. Os pais adotivos criam a criança como se fosse filho deles.

na barriga da mãe

O bebê que está na barriga da mãe tem uma vida movimentada. E às vezes ele não flutua sozinho no útero materno...

Como o bebê vive dentro do útero?

O bebê flutua dentro de uma bolsa cheia de um líquido parecido com água, que se chama líquido amniótico. Nos nove meses em que fica no útero, o bebê não respira com seus pulmões, pois não existe ar lá dentro. Ele recebe pelo cordão umbilical o oxigênio que a mãe respira.

O que é o cordão umbilical?

É um tubo comprido que sai do umbigo da criança para ligá-la à mãe.

Como o bebê se alimenta?

Ele recebe pelo cordão umbilical as substâncias e as vitaminas de que precisa para crescer. É por isso que as mães precisam cuidar da alimentação durante a gravidez.

A barriga da mãe pode ficar cheia de bebês?

Pode. Dois, se forem gêmeos, às vezes até mais!

Por que existem gêmeos?

Às vezes, o ovo fecundado se divide em dois ovinhos exatamente iguais. Eles vão se desenvolver e formar dois bebês que se parecem tim-tim por tim-tim: são os gêmeos univitelinos. Às vezes, o ovário põe dois óvulos e os dois são fecundados. Vai haver portanto dois ovos se desenvolvendo para virar bebês! Como são dois ovos diferentes, os bebês não são idênticos: são gêmeos bivitelinos.

a corrida ao óvulo

Os espermatozoides têm de percorrer um longo caminho até chegar ao óvulo. Agrupados nos testículos, num líquido chamado esperma, aguardam a ejaculação para sair.
Quando ela vem, o esperma contendo mais de 200 milhões de espermatozoides corre pela uretra e sai do pênis, entrando na vagina da mulher.
Agora, vão ter de ir da vagina ao útero e daí às trompas. Sua maratona é difícil e longa, tanto que só uma pequena quantidade de espermatozoides consegue chegar à trompa onde está o óvulo. Nem é preciso dizer que os espermatozoides que completam a maratona são os mais vigorosos do grupo inicial. Mas o óvulo vai escolher só um deles para fecundá-lo.

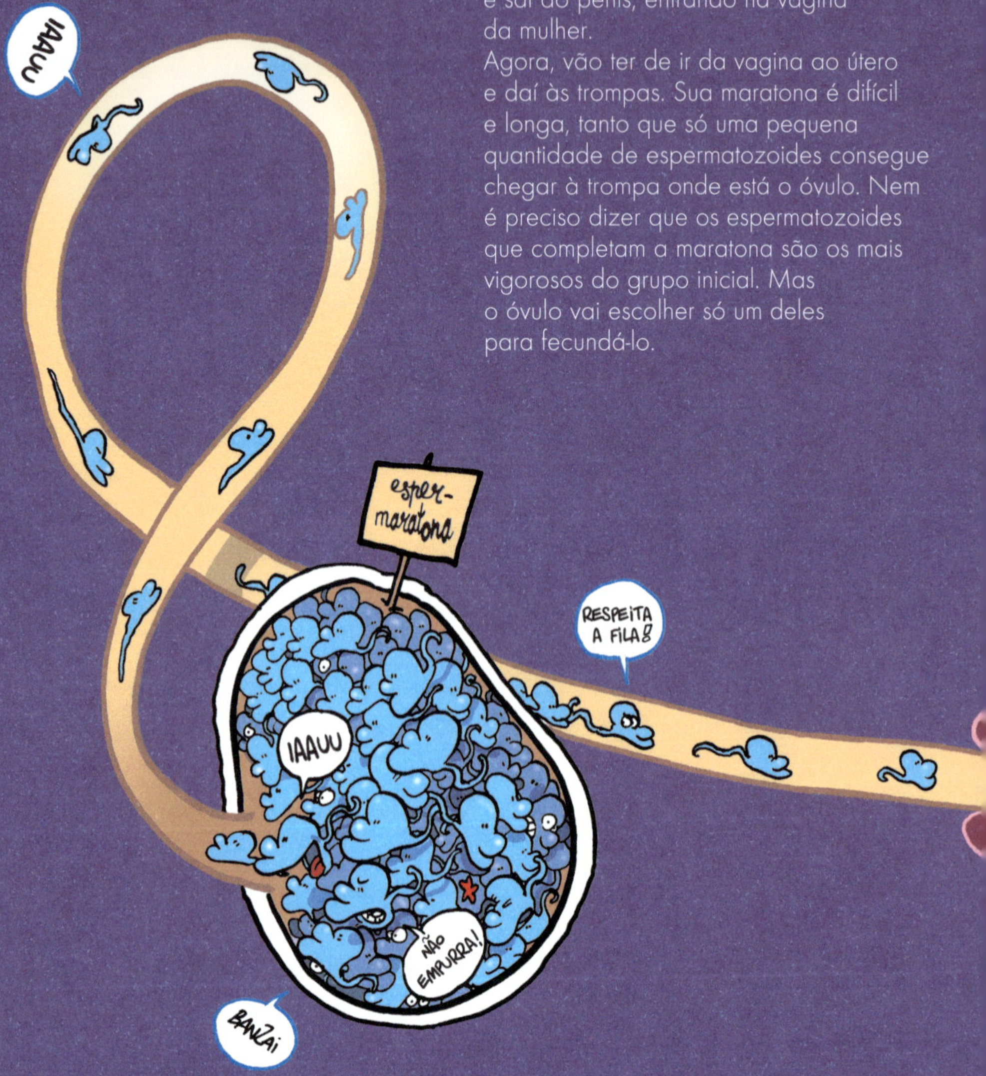

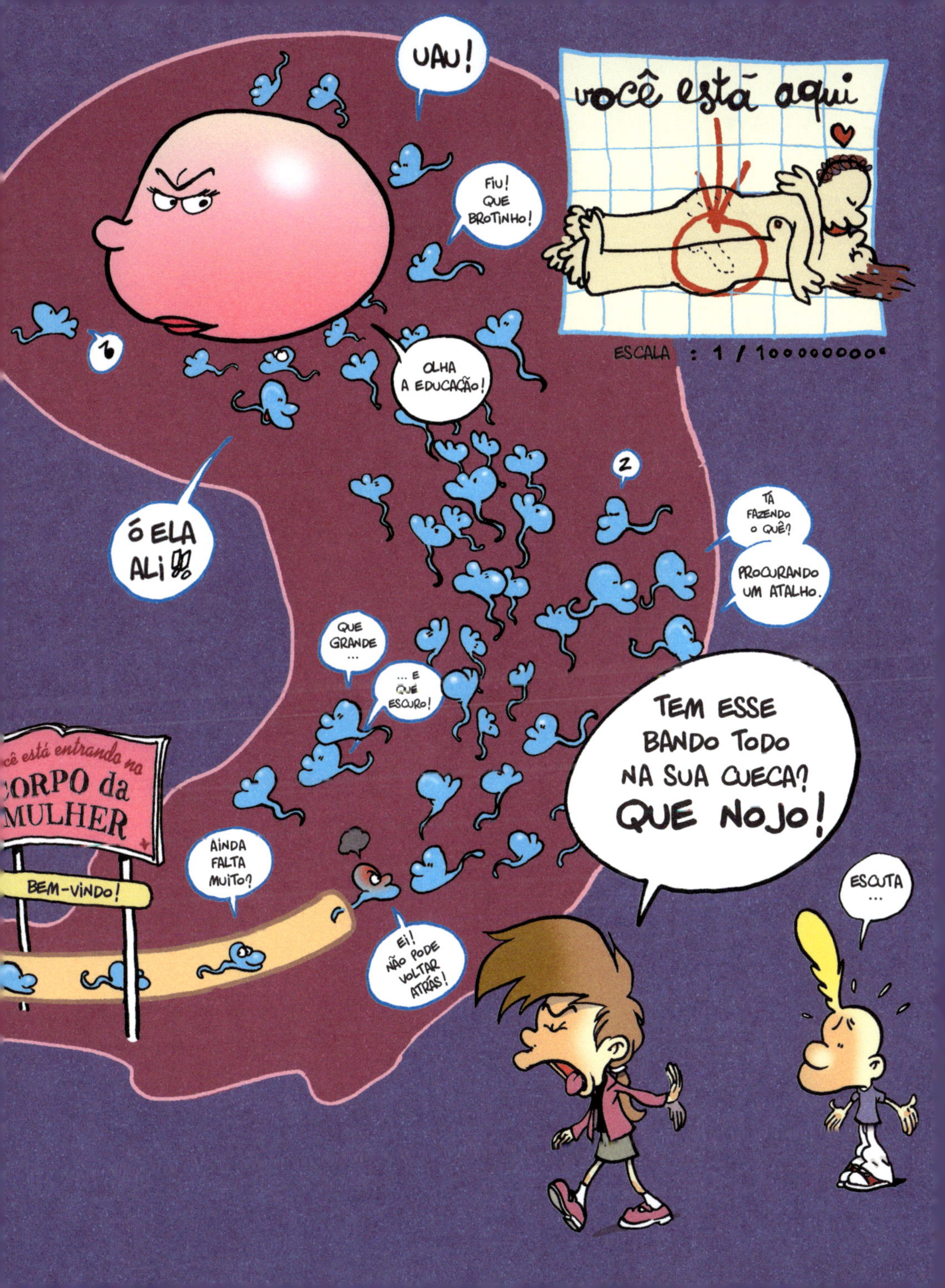
UAU!
você está aqui
ESCALA : 1 / 100000000º
FIU! QUE BROTINHO!
OLHA A EDUCAÇÃO!
Ó ELA ALI!!
TÁ FAZENDO O QUÊ?
PROCURANDO UM ATALHO.
QUE GRANDE ...
... E QUE ESCURO!
...cê está entrando no CORPO da MULHER
BEM-VINDO!
AINDA FALTA MUITO?
EI! NÃO PODE VOLTAR ATRÁS!
TEM ESSE BANDO TODO NA SUA CUECA? QUE NOJO!
ESCUTA ...

nove meses

DEPOIS DA EJACULAÇÃO, CERCA DE 200 A 500 MILHÕ
DE ESPERMATOZOIDES VÃO DA VAGINA AO ÚTERO. SÓ
UMA CENTENA CHEGARÁ ÀS TROMPAS.

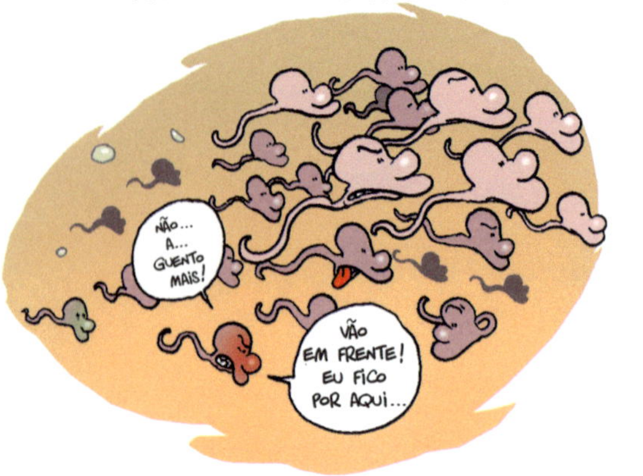

NUMA DAS TROMPAS, ENCONTRAM O ÓVULO
QUE FOI POSTO PELO OVÁRIO...

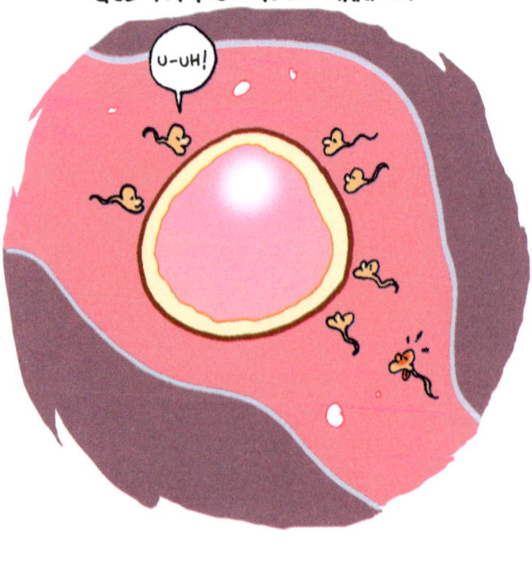

SÓ UM ESPERMATOZOIDE ENTRARÁ NO ÓVULO
PARA FECUNDÁ-LO.

O ÓVULO FECUNDADO AGORA É UM OVO... JÁ CONTÉM TODAS AS CARACTERÍSTICAS DO FUTURO BEBÊ.

PARA SE TORNAR UM BEBÊ, O OVO SE DIVIDE EM DOIS, DEPOIS EM QUATRO E ASSIM POR DIANTE. SEMPRE SE DIVIDINDO, ELE ROLA LENTAMENTE EM DIREÇÃO AO ÚTERO, EMPURRADO PELOS CABELINHOS QUE RECOBREM AS PAREDES DAS TROMPAS.

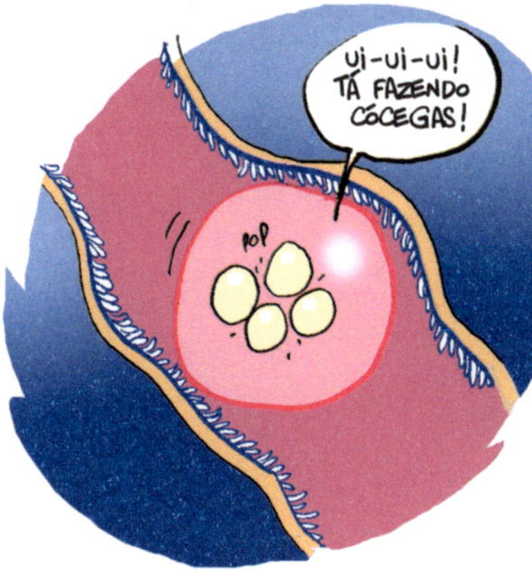

COM OITO DIAS, O ÓVULO JÁ ESTÁ COLADO NA PAREDE DO ÚTERO E UM PEQUENO NINHO SE FORMOU EM TORNO DELE.

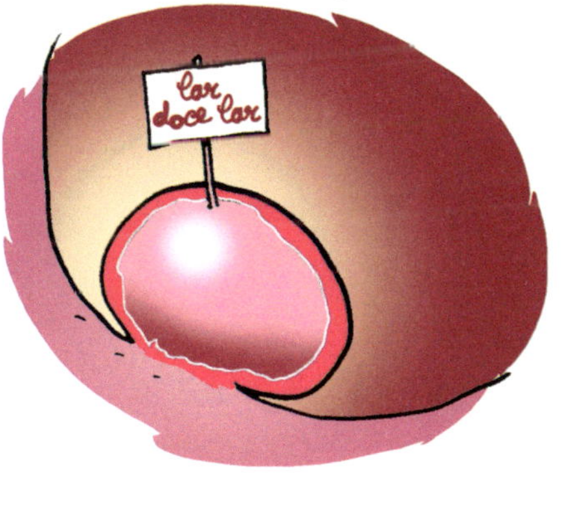

O OVO SE TRANSFORMA EM EMBRIÃO. COM TRÊS SEMANAS, ESSE EMBRIÃO MEDE DOIS MILÍMETROS.

NA QUARTA SEMANA, O EMBRIÃO PASSOU DE UM CENTÍMETRO E PÕE-SE A FABRICAR UM INÍCIO DE ESQUELETO E DE CÉREBRO.

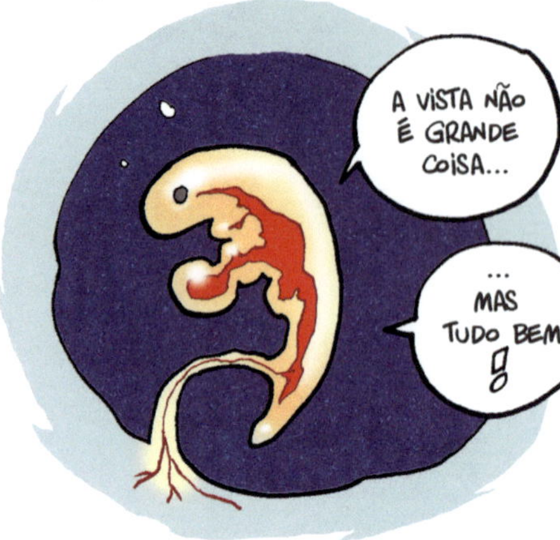

COM OITO SEMANAS, O EMBRIÃO MEDE QUATRO CENTÍMETROS E TEM TODOS OS MEMBROS E ÓRGÃOS. TORNOU-SE UM FETO.

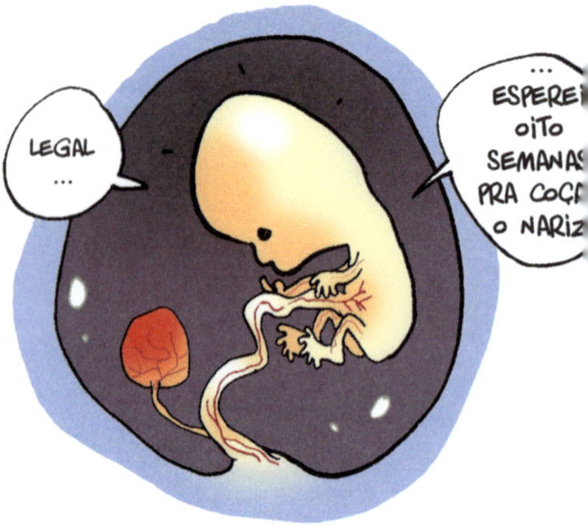

NO TERCEIRO MÊS, O BEBÊ JÁ TEM PELOS CRESCENDO EM TODO O CORPO.

COM QUATRO MESES, JÁ DÁ PRA VER SE É MENINO OU MENINA.

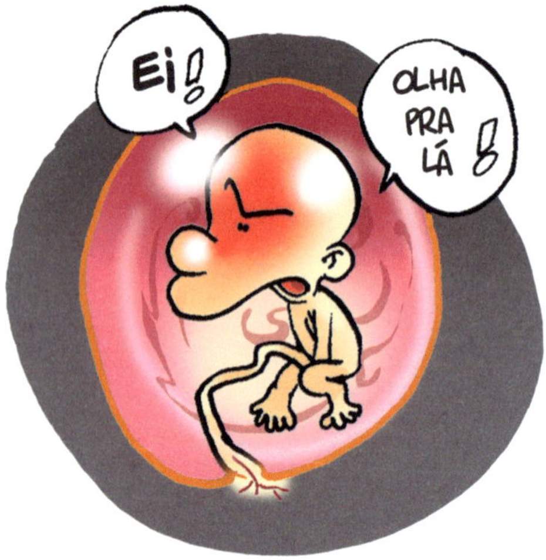

A PARTIR DO QUARTO OU QUINTO MÊS, A MÃE SENTE O BEBÊ MEXENDO NA BARRIGA.

COM SETE MESES, O BEBÊ VIRA DE CABEÇA PARA BAIXO NO ÚTERO E FICA NESSA POSIÇÃO ATÉ NASCER... ELE JÁ OCUPA O ÚTERO TODO.

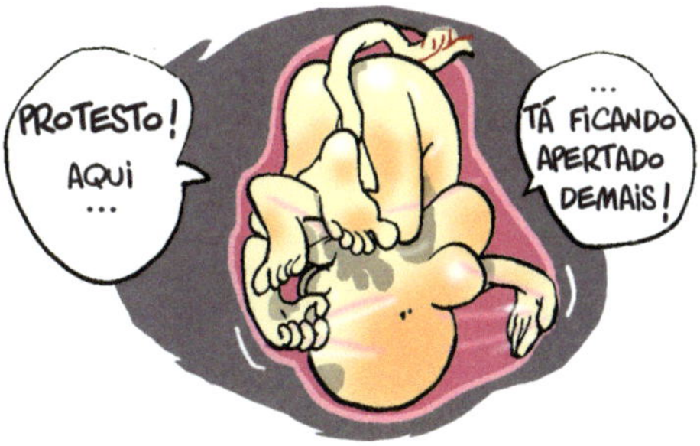

AOS NOVE MESES, O NASCIMENTO: O BEBÊ SAI DO ÚTERO PELA VAGINA.

o nascimento

Terminados os nove meses de gravidez, o bebê pede para vir ao mundo. Vários sinais mostram que ele está pronto para nascer.

Como sabemos que o bebê vai nascer?

Ao fim de nove meses, às vezes menos, a mãe vai colocar seu bebê no mundo. Quando chega a hora, ela tem contrações e a bolsa de água se rompe. Esses sinais mostram que ela está prestes a dar à luz.

E o que é contração?

É quando o útero se comprime para ajudar o bebê a sair.

O que é o rompimento da bolsa?

É quando a bolsa contendo o líquido amniótico, em que o bebê se desenvolveu, se rompe para ele sair. Esse líquido, então, escorre pela vagina.

Como o bebê nasce?

A mãe faz força (como no banheiro...) para ajudar o bebê a sair.

Por onde o bebê sai?

Pela vagina da mãe.

Como é que o bebê sai?

Depois de algumas horas, o bebê desce pela vagina, que se dilatou para ele passar. Sua cabeça aparece na entrada da vagina. Em geral, o bebê passa primeiro a cabeça, mas há bebês que passam primeiro as nádegas ou os pés. Nesses casos, diz-se que eles se apresentaram "de nádegas".

O que acontece depois que o bebê sai?

Quando sai, o bebê continua ligado à mãe pelo cordão umbilical. O médico que fez o parto corta o cordão. Dele, restará uma pequena cicatriz que todos nós temos na barriga: o umbigo!

O maior bebê do Brasil pesava 8 kg ao nascer!

Dói muito dar à luz?

A dor das contrações e do bebê passando pela vagina varia conforme a mulher. Mas a mãe pode tomar uma injeção para não sentir dor. Essa injeção se chama peridural ou epidural.

Todos nós nascemos assim?

Todos! A medicina criou métodos de fecundação para os pais que não podem fazer filhos transando. Mas mesmo o ovo fecundado tem de crescer no útero da mãe para se tornar um bebê.

Por que às vezes a mãe tem de ser operada?

Às vezes, por ser grande demais, o bebê não consegue sair; em outras, é preciso fazê-lo nascer antes do fim da gravidez, quando ele ainda não está pronto para sair por conta própria. Nesses casos, é feita uma cirurgia na barriga da mãe e tira-se o bebê diretamente do útero. A operação se chama "cesariana" ou "cesárea", e não dói nada porque o médico aplica uma anestesia na mãe.

Como é o bebê ao nascer?

Um recém-nascido pesa cerca de 3 kg, às vezes menos, às vezes mais. É todo enrugadinho, não vê quase nada, mas ouve a voz das pessoas.

A cesariana já era praticada no tempo dos romanos! Tem esse nome por causa do imperador Júlio César, que teria nascido por esse método.

O que é um pediatra?

É o médico especializado em bebês e crianças.

O que é herança genética?

O ovo que se tornará um bebê possui informações codificadas: são todos os dados que lhe foram transmitidos por seus pais e que fazem com que a gente se pareça mais ou menos com eles, que tenha olhos ou cabelos de determinada cor, e várias outras coisas.

Por que existem bebês com deficiência?

O ovo possui informações só dele, e essas pequenas diferenças é que fazem de cada bebê um ser único. Às vezes uma pequena diferença nesse código faz com que o bebê se desenvolva com uma deficiência (como a síndrome de Down). Outras deficiências não vêm das informações contidas no ovo, mas de alguma doença. Os pais e os educadores vão ensinar essas crianças a conviver com a deficiência.

Os seres humanos podem ter filho com animais?

Não. É impossível. Os humanos e os animais não têm a mesma natureza nem os mesmos códigos genéticos. Logo, não podem procriar.

e como os animais nascem?

Não é fácil ser bebê-bicho...
Certos filhotes de animais nascem da mesma maneira que os humanos: são os que chamamos de mamíferos. Outros nascem de um ovo que a mãe botou: são os ovíparos.

a mamãe baleia

A mamãe baleia é um mamífero. Ela produz seiscentos litros de leite por dia para alimentar seu bebê!

a galinha

A galinha é ovípara. Para nascer, o pintinho é obrigado a quebrar a casca do ovo com seu próprio bico!

os caracóis

Os caracóis são ovíparos. E hermafroditas. Isso quer dizer que um caracol é ao mesmo tempo macho e fêmea. Por isso, o caracol pode se acasalar com qualquer outro caracol para fazer caracoizinhos, sem se preocupar com o sexo do parceiro...

os cavalos-marinhos

A mãe bota os ovos, mas é o pai que os carrega numa bolsa na barriga, até os bebês nascerem!

o elefante

O elefante é um mamífero. O elefantinho fica quase dois anos na barriga da mãe antes de nascer: mais que o dobro do tempo de um bebê humano!

os ratos

Os ratos são mamíferos e podem ter quinze bebês de uma vez!

o canguru

O canguru é um mamífero. Ao nascer, o bebê é frágil demais para sair ao ar livre. Por isso fica um tempão na bolsa gostosa que a mãe tem na barriga, onde mama até acabar de crescer.

a abelha-rainha

A abelha-rainha vive cinco anos. Bota cerca de um milhão e meio de ovos durante a vida!

5

se protéger

o que é contracepção?

Quando duas pessoas querem transar, isso não quer sempre dizer que desejam ter um filho! Para transar sem ter filhos, é preciso aprender a se proteger.

O que é contracepção?

É como se chamam os diversos meios para transar sem ter filhos.

Como a contracepção funciona?

Há várias maneiras de se proteger. As meninas podem tomar pílula, os meninos podem usar camisinha.

O que é a pílula?

A pílula, por enquanto, só existe para as mulheres. É um comprimidinho que contém hormônios. As meninas tomam um por dia durante três semanas e interrompem por uma semana, para menstruar.

Como a pílula funciona?

Os hormônios contidos na pílula vão impedir que os ovários ponham um óvulo. Para fazer um bebê, é necessário um óvulo e um espermatozoide; logo, se não há óvulo, não há bebê.

Hoje em dia, vendem-se camisinhas em vários lugares, como farmácias, supermercados. Não é preciso ter vergonha!

O que é uma camisinha?

É um meio de contracepção que existe para os rapazes. É um capuz de borracha bem fina, que se coloca no pinto logo antes de transar.

Como se põe uma camisinha?

Quando o pênis está ereto, enfia-se o capuz de borracha, desenrolando-o devagarinho.

Como a camisinha funciona?

Com o pênis coberto por ela, quando o rapaz ejacula, o esperma que é expelido fica dentro da camisinha e não entra na vagina, para chegar ao óvulo.

o que é higiene?

Quer se tenha uma vida sexual ativa (quando se transa regularmente) ou não, é preciso proteger o corpo e mantê-lo limpo e saudável.

Higiene é o quê?

É um conjunto de precauções que devemos tomar para evitar doenças e manter o corpo saudável e limpo, até porque é muito mais agradável do que viver fedendo!

O que são doenças venéreas?

São doenças cujo contágio se dá através dos órgãos sexuais. Quando você transa, pode às vezes pegar ou transmitir uma doença venérea. Algumas dessas doenças não são sérias, outras podem ser gravíssimas, como a aids.

Como é que se pega aids?

A aids não se pega. Ela é transmitida. O vírus da aids está presente no sangue, no esperma e nas secreções vaginais da pessoa que o contraiu. Essa pessoa só transmite a aids quando seu sangue, seu esperma ou suas secreções contaminadas pelo vírus entram diretamente em contato com o sangue de outra pessoa. Ele não é transmitido por contato do corpo, nem pela saliva. Quer dizer, ninguém pega aids se beijar, tocar ou beber no copo da pessoa contaminada.

O que é aids?

Temos no sangue células microscópicas que nos protegem das doenças. Essas células passeiam pelo sangue e, quando encontram um micróbio ou um vírus que causam doenças, comem-no para impedir que a doença se desenvolva. A aids é causada por um vírus que extermina todas essas células de defesa. Assim, se a pessoa fica doente (por exemplo, pega uma gripe ou um resfriado), como não tem mais células de defesa, a doença se desenvolve, podendo até causar a morte.

Como o sangue ou o esperma contaminado entra em contato com o sangue de outra pessoa?

Se uma seringa com sangue contaminado pelo vírus da aids for injetada na veia de outra pessoa, o vírus passará para o sangue dela. Se uma pessoa com o vírus da aids transar e seu esperma ou suas secreções entrarem no corpo da outra, o vírus também vai entrar.

Como é que a gente se protege?

Para evitar as doenças sexualmente transmissíveis, inclusive a aids, a melhor proteção é usar camisinha ao transar.

O que é um ginecologista?

É o médico especializado no aparelho genital das mulheres. O aparelho genital é o conjunto de partes do corpo que serve para transar e fazer filhos. Nas mulheres, vai da vagina ao útero.

Por que as meninas vão ao ginecologista?

As meninas começam a consultar regularmente um ginecologista na puberdade, para cuidar da saúde do aparelho genital. Mais tarde, quando estão grávidas, as mulheres vão ao ginecologista durante toda a gravidez, pois ele acompanha a evolução do bebê na barriga.

Menino também vai ao ginecologista?

O médico equivalente, para os meninos, é o andrologista (ou urologista). Mas eles vão muito menos a esse médico que elas ao ginecologista. É que o aparelho genital masculino é menos complicado e mais bem protegido que o feminino. Mas, se você tiver uma doença no seu aparelho genital, é bom ir logo a um andrologista.

a camisinha

A CAMISINHA É VENDIDA NAS FARMÁCIAS, SUPERMERCADOS E, EM ALGUNS LUGARES, EM MÁQUINAS...

DESENROLADA, FICA PARECENDO UMA MEIA...

SERVE TAMBÉM PRA FAZER BOMBA D'ÁGUA...

... TOUCA DE NATAÇÃO...

... ELÁSTICO...

... CHICLETE...

... TAMBÉM PODE BOTAR NO PINTO PRA SE PROTEGER...

OPA
a calcinha
20,-
OPA
a calcinha
20,-
OPA
a calcinha
20,-

6

fique esperto!

fique esperto!

Quando somos muito jovens, às vezes acontecem coisas que não achamos normais e de que nem sempre temos coragem de falar. Costuma ser difícil pedir ajuda quando temos certos problemas, mas é bom saber que existem instituições que orientam sobre esses problemas difíceis e, se necessário, protegem as crianças.

O que é pedofilia?

Um pedófilo é um adulto que sente atração sexual por crianças. Os pedófilos podem ser perigosíssimos, porque tentam intimidar as crianças (ou adolescentes) para poderem abusar sexualmente delas. A pedofilia é proibida. É crime. Se um adulto tentar te tocar de uma forma que você não quer, conte imediatamente a outro adulto em quem você confie.

O que é incesto?

Incesto é ter desejos sexuais por uma pessoa do mesmo sangue (filho ou filha, irmão ou irmã, sobrinho ou sobrinha etc.). Também nesse caso, se uma pessoa da sua família tentar te tocar de uma forma que você não quer, conte logo a um adulto em quem você confie. De um modo geral, saiba que ninguém tem o direito de te tocar se você não quiser ou se sentir que esse gesto não é normal. Seu corpo pertence a você, e caso não queira que alguém o toque, deve proibir. Não fique sem jeito: é um direito seu.

Como a gente sabe que um gesto não é normal?

Há gestos de afeto que a gente sempre faz e que são perfeitamente normais. Mas se, mesmo que bem no fundo do coração, você tiver a impressão de que um adulto fez um gesto que não deveria, avise sem falta outro adulto. A melhor maneira de saber se tem alguma coisa de errado é perguntar.

E se eu tiver uma dúvida?

Quando tiver alguma dúvida, você deve falar com alguma pessoa. Se não puder conversar com alguém da família, pode telefonar a um dos centros que protegem as crianças, mesmo que só para fazer perguntas. As pessoas que trabalham nesses centros estão lá para ajudar. Você pode ligar para se informar e nem precisa dizer seu nome.
Mas nunca ligue para passar um trote, porque ao ocupar com uma brincadeira a pessoa que está te atendendo, você pode impedi-la de responder a outra criança que necessita realmente de orientação.

precisando de ajuda

Disque-Denúncia Nacional de Combate ao Abuso e à Exploração Sexual contra Crianças e Adolescentes

Disque 100

Este é o principal número a ligar, caso tenha algum problema. Você pode telefonar todos os dias da semana, inclusive nos feriados, em qualquer horário, já que o Disque 100 funciona 24 horas. Se você acha que alguma coisa não está legal, ou se sente infeliz, a pessoa com quem falar ao telefone pode responder a todas suas questões e tentar ajudá-lo. Você não precisa dizer seu nome. O serviço é gratuito e confidencial.

Ouvidoria online do Ministério dos Direitos Humanos

http://www.humanizaredes.gov.br/ouvidoria-online/

Se você achar que algum adulto está te tocando de uma maneira estranha, ou se conhecer alguém que está vivendo uma situação dessas, você pode denunciar diretamente nesse site, acessando o endereço acima.

De toda maneira, no caso de qualquer tipo de violação de direitos ou violência contra crianças e adolescentes, é preciso procurar o conselho tutelar de sua cidade e/ou a delegacia especializada em crimes contra crianças e adolescentes. Você pode pesquisar no site da Fundação Abrinq os telefones e endereços desses órgãos em seu estado: <www.abrinq.org.br>.

Absorvente
Absorvente
Absorvente

brinde

Não é mole

Para um menino... **... fazer xixi de pinto duro.**

As amazonas eram guerreiras que viveram há muito tempo. Elas atiravam de arco e flecha, montadas a cavalo. Para não atrapalhar o tiro, cortavam um seio.

Na Idade Média, o aparelho sexual das meninas era chamado de *cuniculi*, o que quer dizer "coelhinho" em latim.

CEM ANOS ATRÁS, AS MULHERES GORDAS ERAM CONSIDERADAS VERDADEIRAS TOP MODELS.

Não é mole

Uma só ejaculação libera de 200 a 500 milhões de espermatozoides.

Na Antiguidade, os esportistas gregos praticavam esporte pelados. Aliás, a palavra "ginástica" vem do grego gymnos, que significa "nu".

Recorde do beijo mais demorado:

quase trinta horas sem parar de se beijar!

bebê nadador

Os bebês sabem nadar desde que nascem. Hoje em dia, as mães podem até dar à luz dentro da água!

Em 1992, um casal de astronautas americanos transou no espaço a bordo da nave espacial.

Eu te amo pelo mundo afora

inglês	alemão	italiano	espanhol
I love you	ich liebe dich	ti amo	te quiero

a resposta QUE MATA

100% das mulheres do mundo confessam gostar de declarações românticas

O pinto dos meninos encolhe na água fria ou se ficar de fora em temperatura muito baixa.

grego	antilhano	holandês	sueco
s'agapo	mo content toi	ik houd van je	jag älskar dig
árabe	**japonês**	**francês**	**tailandês**
uhibuk	ai shite imasu	je t'aime	chan rak khum
chinês	**taitiano**	**russo**	**turco**
wo ai ni	e here nei vau ia oe	iá tibiá liubliu	seni seviyorum

Presentes que sempre agradam

Um buquê de flores

Uma joia

Uma caixa de bombom

Uma história em quadrinhos

Um livro

Um vidro de perfume

Um objeto engraçado

Uma roupa

Os Megas-Sedutores através dos tempos...

Pequenos gestos que sempre agradam

Convidá-la para o cinema ou para ver um filme em casa

Convidá-la para dançar numa festa

Esconder um bilhetinho carinhoso na carteira da escola

Mandar para ele uma carta de amor perfumada

Elogiá-lo na frente dos amigos ou amigas

Passar cola para ele nas provas

o garoto dos teus SONHOS

Que tipo de garoto faz mais o seu gênero?

BANDIDÃO

GRUNGE

EXIBIDO

CLASSUDO

SARADÃO

FRÁGIL

a garota dos teus sonhos

Que tipo de garota faz mais o seu gênero?

FIEL

CARINHOSA

ESPORTISTA

MISTERIOSA

MADURA

IMPREVISÍVEL

índice

superobrigado a

Fabrice Le Jean

Judicaëlle Ménard

Christine Noyer

Véronique Roland

Tébo

1ª EDIÇÃO [2007] 6 reimpressões

ESTA OBRA FOI COMPOSTA EM SOUVENIR E FUTURA LIGHT
POR TECO DE SOUZA E IMPRESSA EM OFSETE PELA LIS GRÁFICA
SOBRE PAPEL ALTA ALVURA DA SUZANO S.A. PARA A
EDITORA SCHWARCZ EM JULHO DE 2023

FSC
www.fsc.org
MISTO
Papel | Apoiando o manejo florestal responsável
FSC® C112738

A marca FSC é a garantia de que a madeira utilizada na fabricação do papel deste livro provém de florestas que foram gerenciadas de maneira ambientalmente correta, socialmente justa e economicamente viável, além de outras fontes de origem controlada.